# MÉTHODE B

## ou La Journée des Tout Petits

MW00681616

# Cahier d'exercices de calcul

**Gérard Sansey**
Instituteur

## ÉDITIONS BELIN

8, rue Férou 75278 Paris Cedex 06
www.editions-belin.com

# Les principaux types d'exercices

## Contenants avec étiquettes

1. Contenant plein – étiquette vide
   → écrire dans l'étiquette.
2. Contenant vide – étiquette renseignée
   → dessiner dans le contenant
   (ronds, triangles, etc.).

## Contenants doubles

1. L'étiquette se rapporte à l'enveloppe
   à laquelle elle est attachée.
2. Apporter le renseignement manquant.

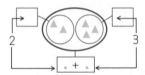

## Groupements

1. Faire les groupes.
2. Écrire le nombre de groupes dans la 1re case.
3. Écrire le nombre d'objets restants dans la 2e case.

## Tableau à double entrée

1. Les flèches indiquent le fonctionnement
   du tableau page 12.
2. La présence d'une flèche en haut à gauche
   (ex. p. 14) indique que le nombre de gauche
   se place avant celui du haut.

## Comparaison

Calculer chaque parenthèse et placer ensuite
le signe qui convient.

$$(15 + 5) \quad . \quad (12 + 9)$$

$$20 \quad < \quad 21$$

## Exercices en deux lignes

1. Compléter la 1re ligne
   en écrivant la suite des nombres.
2. Puis compléter la seconde :
   case haute = case basse.

| | | | | |
|---|---|---|---|---|
| 1. | 40 | 41 | .. | .. | etc. |
| 2. | 39+1 | 40+1 | 40+2 | 40+3 | etc. |

## Étiquettes à compléter

L'étiquette centrale est égale aux autres.

## Tableau +10 −10

Travailler avec les dizaines.

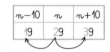

| $n-10$ | $n$ | $n+10$ |
|---|---|---|
| 19 | 29 | 39 |

## Soustractions

Chercher le plus grand nombre avant d'écrire
l'opération.

$$57 ; 89 \rightarrow 89 > 57 \rightarrow 89 - 57 \rightarrow \begin{array}{r} 89 \\ -57 \\ \hline .. \end{array}$$

■ La lecture et l'écriture des nombres en lettres
(un, deux, trois etc.) pourront être abordées
lorsque l'élève sera suffisamment compétent en
lecture pour en déchiffrer l'écriture.

Le code de la propriété intellectuelle n'autorise que « les copies ou reproductions strictement réservées à l'usage privé du copiste et non destinées à une utilisation collecti-ve » (article L. 122-5) ; il autorise également les courtes citations effectuées dans un but d'exemple ou d'illustration. En revanche, « toute représentation ou reproduction inté-grale ou partielle, sans le consentement de l'auteur ou de ses ayants droit ou ayants cause, est illicite » (article L. 122-4). La loi 95-4 du 3 janvier 1994 a confié au C.F.C. (Centre français de l'exploitation du droit de copie, 20 rue des Grands-Augustins, 75006 Paris), l'exclusivité de la gestion du droit de reprographie. Toute photocopie d'œuvres protégées, exécutée sans son accord préalable, constitue une contrefaçon sanctionnée par les articles 425 et suivants du Code pénal.

© Éditions Belin, 2004                                                    ISBN : 2-7011-3927-9

# Les nombres 1 [un] et 2 [deux]

1↓ 1

2 2

**1** Écris les chiffres ou dessine des ronds :

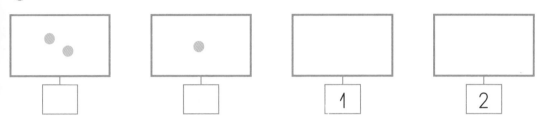

**2** Dessine des triangles quand c'est nécessaire :

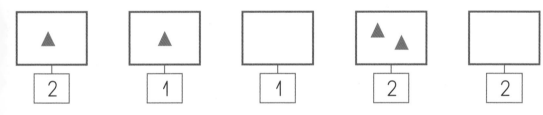

**3** Barre des rectangles si besoin :

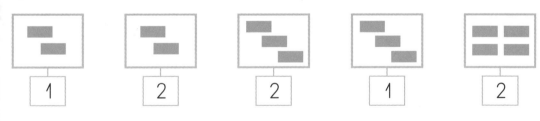

**4** Colorie : 1 = violet ; 2 = orange

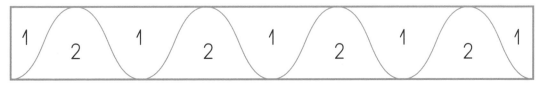

# Le nombre 3 [trois]

## Le signe +

3  3

**1** Écris les chiffres ou dessine des carrés :

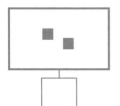
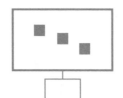
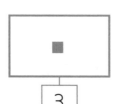
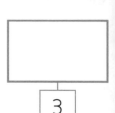

**2** Complète :

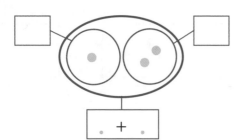
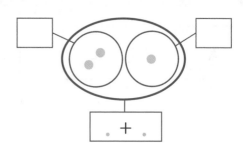

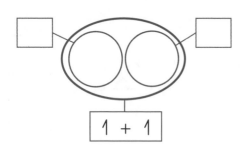
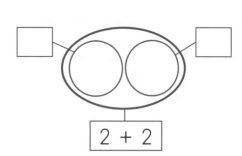

**3** Colorie : 1 = vert ; 2 = jaune ; 3 = orange

| 1 | 2 | 1 | 2 | 1 | 2 | 1 | 2 |
|---|---|---|---|---|---|---|---|
| 3 | 3 | 3 | 3 | 3 | 3 | 3 | 3 |
| 2 | 1 | 2 | 1 | 2 | 1 | 2 | 1 |

# Le nombre 0 [zéro]
## Le signe =

2    2=2    2

Tous les ronds et tous les carrés sont reliés.
2 égale 2

**1** Dessine des triangles :

| | | | |
|---|---|---|---|
| 0 | 2 | 1 | 3 |

**2** Mets une cuillère dans chaque tasse en les reliant et complète les étiquettes :

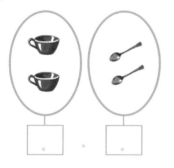    

**3** Complète :

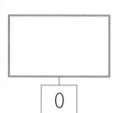

+ = 

0  1

+ = 

**4** Complète les égalités :

1 + 2 =     3 + 0 =     0 + 2 = 
1 + 1 =     2 + 1 =     1 + 0 = 

5

# Les nombres
## 4 [quatre] et 5 [cinq]
### Les groupements

  2 3

4 4    5 5

**1** Écris le chiffre ou dessine des ronds :

    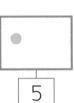

| | | 5 | 4 | 5 |

**2** Complète :

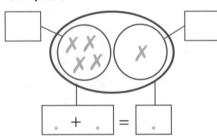

. + . = .    2 + 2 = .

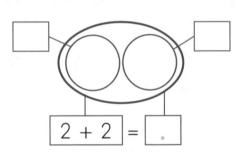

**3** Fais des groupes de 4 :

Écris le nombre de groupes dans la case violette et le nombre d'objets restants dans la case orange.

**4** Fais des groupes de 5 :

**5** Complète les égalités :

1 + 3 = .        3 + 2 = .        2 + 2 + 1 = .
2 + 0 = .        0 + 3 = .        1 + 3 + 0 = .
0 + 4 = .        1 + 4 = .        1 + 1 + 2 = .

# Le nombre 6 [six]
## Le signe >

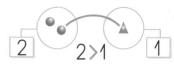

| 2 | 2 > 1 | 1 |

Un rond n'est pas relié.
2 est supérieur à 1 • 2 est plus grand que 1

6  6

**1** Complète :

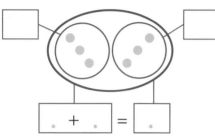

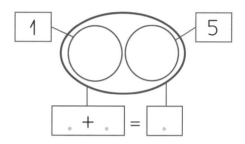

**2** Donne (relie) une carotte à chaque lapin. Place les signes = ou > :

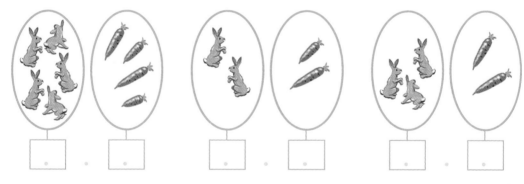

**3** Groupe par 5 et remplis les cases :     **4** Groupe par 6 et remplis les cases :

**5** Complète les écritures avec = ou > ou le résultat :

$$5 \cdot 4 \qquad 5 + 1 = . \qquad 2 + 3 \cdot 1$$
$$3 \cdot 3 \qquad 4 + 0 = . \qquad 3 + 1 \cdot 2$$

7

# Le nombre 7 [sept]
## Le signe <

| 3 | | 3 < 4 | | 4 |

Il reste un rond non relié.
3 est inférieur à 4 • 3 est plus petit que 4

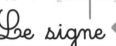

---

**1** Complète :

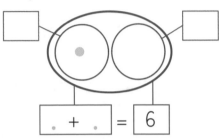

$. + . = 6$

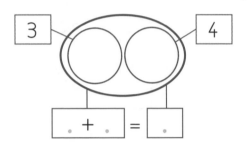

$. + . = .$

**2** Relie les écumoires et les marmites. Place les signes = ou < :

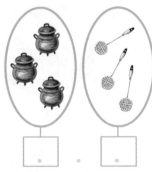   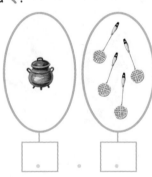

**3** Groupe par 7 et remplis les cases :

**4** Groupe par 5 et remplis les cases :

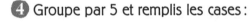

**5** Complète les écritures avec = ou < ou > ou le résultat :

$2 \cdot 7$          $5 + 2 = .$          $4 + 3 \cdot 6$

$4 \cdot 4$          $3 + 4 = .$          $2 + 1 \cdot 7$

# Les nombres 8 [huit] et 9 [neuf]

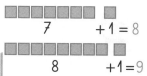

7    +1 = 8

8    +1 = 9

 8    8         9   9

**1** Écris les chiffres :

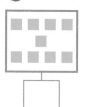  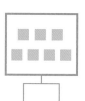 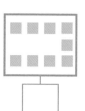 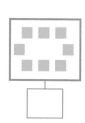

**2** Complète :

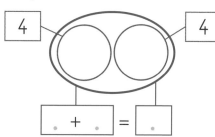

4      4

. + . = .

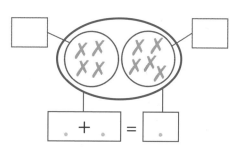

. + . = .

**3** Groupe par 8 et remplis les cases :

**4** Groupe par 9 et remplis les cases :

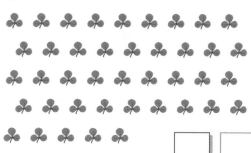

**5** Complète les écritures avec = ou < ou > ou le résultat :

7 + 2 . 9      (6 + 1) . (3 + 4)      1 + 2 > .

5 + 3 = .      (8 + 1) . (3 + 3)      7 + 1 < .

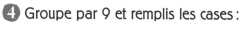

9

# Le nombre 10 [dix]
## Les dizaines et les unités

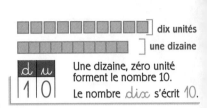

dix unités

une dizaine

| d | u |
|---|---|
| 1 | 0 |

Une dizaine, zéro unité forment le nombre 10.

Le nombre *dix* s'écrit 10.

---

**❶** Groupe les objets par 10 et écris les résultats dans les cases :

d ☐   u ☐

☐ ☐

---

**❷** Complète ; compte d'abord les triangles, puis les carrés :

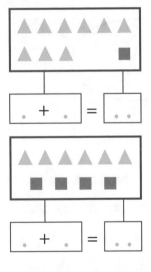

. + . = . .

. + . = . .

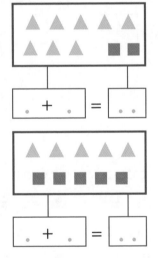

. + . = . .

. + . = . .

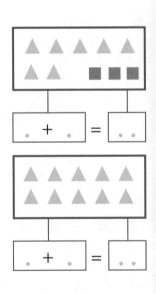

. + . = . .

. + . = . .

---

**❸** Place le signe qui convient : = ou < ou >

3 + 1 · 5          7 + 2 · 3          3 + 7 · 10

2 + 3 · 5          10 · 5 + 5          1 + 6 · 9

---

**❹** Complète les écritures :

5 + 3 = .          3 + 6 = .          9 + 1 = . .

1 + 5 = .          2 + 5 = .          5 + 2 = .

# $\mathcal{L}e$ nombre 11

## [onze]

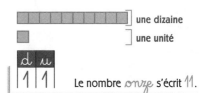

une dizaine

une unité

| d | u |
|---|---|
| 1 | 1 |

Le nombre $onze$ s'écrit 11.

**1** Groupe les objets par 10 et écris les résultats dans les cases :

**2** Complète ; compte d'abord les triangles, puis les ronds :

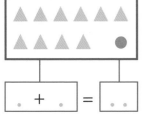 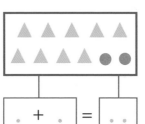 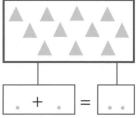

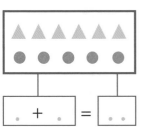 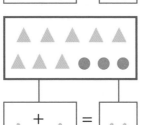 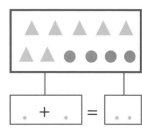

**3** Place le signe qui convient : $=$ ou $<$ ou $>$

$6 + 2 \quad \cdot \quad 4$      $5 + 6 \quad \cdot \quad 10$      $7 + 1 \quad \cdot \quad 11$

$9 + 1 \quad \cdot \quad 11$      $3 + 7 \quad \cdot \quad 10$      $3 + 6 \quad \cdot \quad 8$

**4** Complète les écritures :

$10 + 1 = ..$      $6 + 3 = .$      $4 + 4 = .$

$9 + 1 = ..$      $5 + 6 = ..$      $5 + 5 = ..$

11

Le nombre 12 [douze]
Tableau à 2 entrées

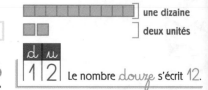

| | une dizaine |
| deux unités |

| d | u |
|---|---|
| 1 | 2 |

Le nombre *douze* s'écrit 12.

| + | 2 | 4 | 5 |
|---|---|---|---|
| 1 | 3 | 5 | 6 |
| 7 | 9 | 11 | 12 |

Tableau à double entrée

**1** Groupe les objets par 10
et écris les résultats dans les cases :

| | |
|---|---|

**2** Complète ; compte d'abord les carrés, puis les ronds :

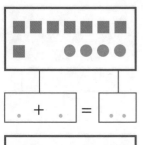

.  +  .  =  . .

[second box] .  +  .  =  . .

[third box] .  +  .  =  . .

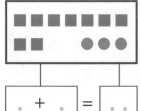

.  +  .  =  . .

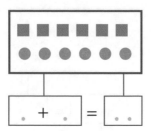

.  +  .  =  . .

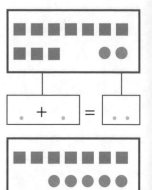

.  +  .  =  . .

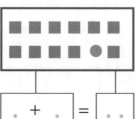

**3** Complète le tableau :

| + | 2 | 5 | 7 | 3 | 6 | 4 |
|---|---|---|---|---|---|---|
| 5 | | | | | | |
| 7 | | | | | | |
| 1 | | | | | | |

**4** Écris les signes 〈 ou 〉 :

1 · 2 · 3 · 4 · 5 · 6

7 · 8 · 9 · 10 · 11 · 12

12 · 11 · 10 · 9 · 8 · 7

6 · 5 · 4 · 3 · 2 · 1

# Le nombre 13

## [treize]

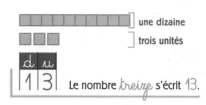

une dizaine

trois unités

| d | u |
|---|---|
| 1 | 3 |

Le nombre *treize* s'écrit 13.

**1** Groupe les objets par 10 et écris les résultats dans les cases :

**2** Compte et complète :

. + . = . .          . + . = . .          . + . = . .

**3** Suis le chemin de 13. Colorie en vert les cases dont le résultat est 13 :

| 9+1 | 8+5 | 5+5 | 2+2 | 3+8 | 7+4 | 3+6 |
| 6+3 | 10+3 | 9+4 | 4+3 | 1+12 | 13+0 | 3+5 |
| 7+6 | 7+3 | 11+2 | 6+7 | 1+3 | 9+4 | 1+10 |
| 3+2 | 9+2 | 12+1 | 6+4 | 9+4 | 2+6 | 2+11 |
| 4+8 | 3+3 | 7+6 | 10+3 | 8+1 | 10+0 | 1+1 |
| 4+4 | 3+9 | 1+4 | 5+8 | 2+1 | 2+2 | 0+0 |

**4** Le bateau de 13.
Écris les nombres qui manquent :

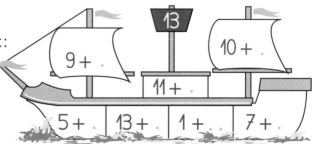

13

9 + .          10 + .

11 + .

5 + .   13 + .   1 + .   7 + .

# Le nombre 14
## [quatorze]

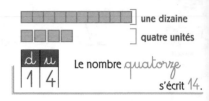

une dizaine

quatre unités

| d | u |
|---|---|
| 1 | 4 |

Le nombre *quatorze* s'écrit 14.

❶ Compte et complète :

.. + . = ..          . + . = ..          .. + . = ..

. + . = ..          . + . = ..          .. + . = ..

❷ Place les signes = ou ⟨ ou ⟩ dans le tableau :

|  ↱ | 4 + 4 | 2 + 1 | 8 + 6 | 9 + 4 | 3 + 3 | 7 + 4 |
|-----|-------|-------|-------|-------|-------|-------|
| 7 + 6 | > |   |   |   |   |   |
| 1 + 5 |   |   |   |   | = |   |
| 10 + 1 |   |   | < |   |   |   |

❸ Continue les listes :

0  –  2  –  4  –  .  –  .  –  .  –  .  ..

13  –  11  –  9  –  .  –  .  –  .  –  .  .

❹ Le train de 14.
Écris les nombres qui manquent :

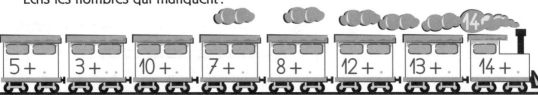

5 + .    3 + .    10 + .    7 + .    8 + .    12 + .    13 + .    14 + .

# Le nombre 15

### [quinze]

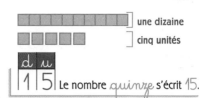

une dizaine
cinq unités

| d | u |
|---|---|
| 1 | 5 |

Le nombre *quinze* s'écrit 15.

**①** Groupe les objets par 10 et écris les résultats dans les cases :

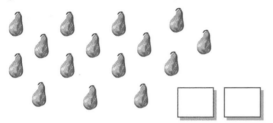

**②** Compte et complète :

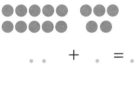

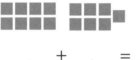

.. + . = ..        .. + . = ..

.. + . = ..

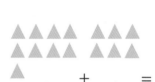

.. + . = ..        .. + . = ..

.. + . = ..

**③** Relie les étiquettes à leur place dans la ligne :

| 5+5 | 6+3 | 5+2 | 12+1 | 4+4 | 8+7 | 10+1 | 9+4 |

6 ____ ____ ____ ____ 12 ____ ____

**④** Complète le tableau :

| + | 9 | 7 | 4 | 2 | 5 |
|---|---|---|---|---|---|
| 3 |   |   |   |   |   |
| 1 |   |   |   |   |   |
| 6 |   |   |   |   |   |
| 8 |   |   |   |   |   |

**⑤** Place les signes $=$ ou $<$ ou $>$ :

3 + 4 · 11          3 + 10 · 5 + 7

7 + 8 · 12          6 + 5 · 10 + 1

9 + 5 · 14          8 + 6 · 12 + 2

6 + 2 · 7           4 + 4 · 3 + 6

15

# Le nombre 16

## [seize]

| | une dizaine |
| | six unités |

| d | u |
|---|---|
| 1 | 6 |

Le nombre *seize* s'écrit 16.

---

**1** Groupe les objets par 10 et écris les résultats dans les cases :

[ ] [ ]

[ ] [ ]

**2** Compte et complète :

.. + . = ..

. + . = ..

.. + . = ..

.. + . = ..

.. + . = ..

.. + . = ..

**3** Complète le tableau :

| nombre précédent | | | | | | | |
|---|---|---|---|---|---|---|---|
| nombre | 9 | 15 | 3 | 8 | 11 | 14 | 5 |
| nombre suivant | | | | | | | |

**4** Écris dans l'ordre tous les nombres que tu connais :

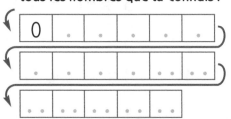

**5** Complète les étiquettes :

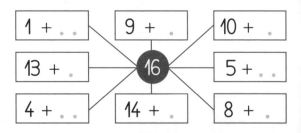

1 + ..   9 + .   10 + .

13 + .   16   5 + ..

4 + ..   14 + .   8 + .

# Le nombre 17
## [dix-sept]

une dizaine

sept unités

| d | u |
|---|---|
| 1 | 7 |

Le nombre *dix-sept* s'écrit 17.

**❶ Compte et complète :**

. . + . = . .

. . + . = . .

. . + . = . .

. . + . = . .

. . + . = . .

. . + . = . .

. . + . = . .

. + . . = . .

. . + . = . .

**❷ Suis le chemin de 17. Colorie les cases dont le résultat est 17 :**

| 5 | 3+14 | 11+6 | 9+8 | 10+4 | 12+1 | 10+6 | 6+11 | 1+16 | 2+15 | 4 |
|---|---|---|---|---|---|---|---|---|---|---|
| 15 | | 3+5 | | 7+10 | | 5+12 | | 13+3 | | 13+4 |
| | 11+4 | | 16+1 | | 9+5 | | 8+9 | | 11+1 | |
| 12 | | 12+5 | | 8+7 | | 14+3 | | 5+6 | | 9+1 |
| | 10+7 | | 3+12 | | 15+2 | | 6+7 | | 7+8 | |
| 16 | | 13+4 | | 0+17 | | 4+5 | | 3+12 | | 6 |
| | 0 | | 17 | | 8 | | 4 | | 2 | |

**❸ Complète les écritures avec les signes = ou < ou > ou les résultats :**

$\left(3 + 13\right)$ . $\left(11 + 5\right)$    $8 + 7$ . $17$    $14 + 3 = $ . .

$\left(6 + 9\right)$ . $\left(3 + 7\right)$    $9 + 4$ . $13$    $8 + 8 = $ . .

# Le nombre 18
## [dix-huit]

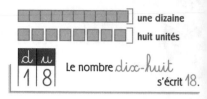

une dizaine
huit unités

| d | u |
|---|---|
| 1 | 8 |

Le nombre *dix-huit* s'écrit 18.

❶ Groupe les objets par 10 et écris les résultats dans les cases :

❷ Compte et complète :

.. + . = ..          . + . = ..          . + ... = ..

.. + . = ..          . + ... = ..          . + ... = ..

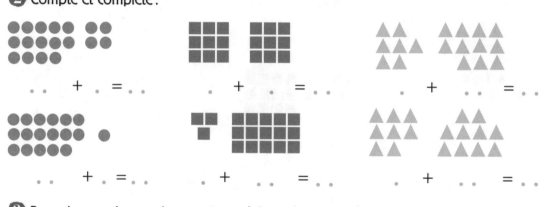

❸ Barre les nombres qui ne sont pas à leur place :

0 • 1 • 6 • 2 • 3 • 4 • 5 • 11 • 6 • 7 • 2 • 8 • 9

10 • 17 • 11 • 12 • 13 • 4 • 14 • 15 • 6 • 16 • 17 • 18

❹ Complète le tableau :

| + | 10 | 8 | 7 | 6 | 13 |
|---|----|----|----|----|----|
| 9 |    |    |    |    |    |
| 5 |    |    |    |    |    |
| 3 |    |    |    |    |    |
| 2 |    |    |    |    |    |

❺ Place les signes = ou ‹ ou › :

| ↱ | 5 | 15 | 18 | 14 | 12 |
|---|----|----|----|----|----|
| 4 + 8 |    |    |    |    | = |
| 10 + 5 |    | ‹ |    |    |    |
| 9 + 9 | › |    |    |    |    |
| 3 + 2 |    |    |    |    |    |

# Le nombre 19
## [dix-neuf]

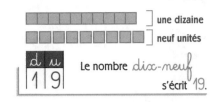

une dizaine

neuf unités

| d | u |
|---|---|
| 1 | 9 |

Le nombre *dix-neuf* s'écrit 19.

---

**1** Groupe les objets par 10 et écris les résultats dans les cases :

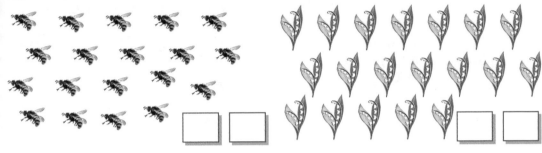

**2** Compte et complète :

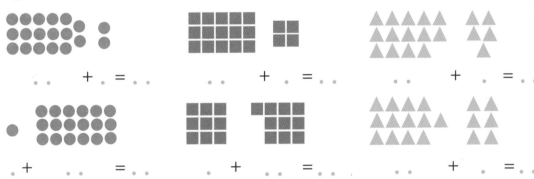

.. + . = ..    .. + . = ..    .. + . = ..

. + .. = ..    . + .. = ..    .. + . = ..

**3** **Révision.** Regarde le modèle et complète les lignes :

| d | u | | | |
|---|---|---|---|---|
| 1 dizaine | 0 unité | 1 | 0 | c'est le nombre _dix_ |
| . dizaine | . unité | 1 | 1 | c'est le nombre _____ |
| . dizaine | . unités | 1 | 2 | c'est le nombre _____ |
| . dizaine | . unités | 1 | 3 | c'est le nombre _____ |
| . dizaine | . unités | 1 | 4 | c'est le nombre _____ |
| . dizaine | . unités | 1 | 5 | c'est le nombre _____ |
| . dizaine | . unités | 1 | 6 | c'est le nombre _____ |

19

# Le nombre 20

## [vingt]

deux dizaines

zéro unité

 Le nombre *vingt* s'écrit 20.

❶ Complète :

. .    +  .  =  . .

❷ Groupe les objets par 10 et écris les résultats dans les cases :

❸ Compte et complète :

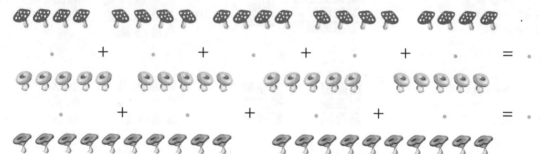

.    +    .    +    .    +    .    +    .    =  . .

.    +    .    +    .    +    .    =  . .

. .    +    . .    =  . .

❹ Complète le tableau :

| + | 10 | 9 | 5 | 0 | 6 |
|---|----|---|---|---|---|
| 10 | | | | | |
| 3 | | | | | |
| 7 | | | | | |

❺ Place les signes = ou ⟨ ou ⟩ :

7 + 10 · 20        10 + 9 · 19

10 + 10 · 20       18 · 9 + 9

20 · 10 + 2        10 + 4 · 20

❻ Écris dans l'ordre tous les nombres que tu connais :

0 - . - . - . - . - . - . - . - . - . - 7 - . - . - . - . - .

11 - . . - . . - . . - 15 - . . - . . - . . - . . - . .

# Les nombres de 21 à 29

| | d | u |
|---|---|---|
| Tous ces nombres s'écrivent avec *deux dizaines.* | 2 | 4 |
| | 2 | 6 |
| | 2 | 9 |

21 | 22 | 23 | 24 | 25 | 26 | 27 | 28 | 29

**❶ Observe les dessins puis complète les tableaux :**

| d | u |
|---|---|
| . | . |

| d | u |
|---|---|
| . | . |

| d | u |
|---|---|
| . | . |

| d | u |
|---|---|
| . | . |

**❷ Lis les tableaux puis dessine les dizaines et les unités :**

| d | u |
|---|---|
| 2 | 7 |

| d | u |
|---|---|
| 2 | 4 |

| d | u |
|---|---|
| 2 | 2 |

| d | u |
|---|---|
| 2 | 8 |

**❸ Complète les tableaux suivants :**

| nombre précédent | | | | | | | |
|---|---|---|---|---|---|---|---|
| nombre | 28 | 23 | 20 | 25 | 21 | 19 | 26 |
| nombre suivant | | | | | | | |

| + | 3 | 5 | 4 | 9 | 0 | 6 | 1 | 8 | 2 | 7 |
|---|---|---|---|---|---|---|---|---|---|---|
| 10 | | 15 | | | | | | | | |
| 20 | | | | | | 26 | | | | |

**❹ Complète les lignes :**

| | | | | d | u | | |
|---|---|---|---|---|---|---|---|
| 2 | dizaines | 3 | unités | 2 | 3 | c'est le nombre | *vingt-trois* |
| . | dizaines | . | unités | 2 | 7 | c'est le nombre | _____ |
| . | dizaines | . | unité | 2 | 0 | c'est le nombre | _____ |

# L'addition
## sans retenue

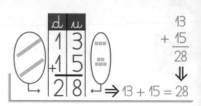

| d | u |
|---|---|
| 1 | 3 |
| +1 | 5 |
| 2 | 8 |

$$13 + 15 = 28$$

$$\begin{array}{r} 13 \\ + 15 \\ \hline 28 \end{array}$$

**1** Effectue les additions en utilisant les dessins :

| d | u |
|---|---|
|   | 2 |
| + | 7 |

| d | u |
|---|---|
| 2 | 1 |
| + | 4 |

| d | u |
|---|---|
| 1 | 5 |
| +1 | 0 |

**2** Effectue les additions :

| d | u |
|---|---|
|   | 5 |
| +1 | 4 |

| d | u |
|---|---|
| 1 | 6 |
| +1 | 3 |

| d | u |
|---|---|
| 2 | 2 |
| + | 5 |

| d | u |
|---|---|
|   | 8 |
| +1 | 1 |

$$\begin{array}{r} 12 \\ + 12 \\ \hline \end{array} \qquad \begin{array}{r} 16 \\ + 13 \\ \hline \end{array} \qquad \begin{array}{r} 25 \\ + 2 \\ \hline \end{array} \qquad \begin{array}{r} 4 \\ + 14 \\ \hline \end{array} \qquad \begin{array}{r} 3 \\ + 23 \\ \hline \end{array}$$

**3** Pose et additionne :

15 + 4    +_____          11 + 14    +_____          23 + 1    +_____

**4** Calcule :

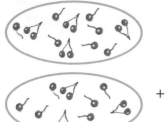

+_____

+_____

# Le nombre 30
## [trente]

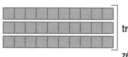

trois dizaines

zéro unité

Le nombre *trente* s'écrit 30.

| d | u |
|---|---|
| 3 | 0 |

**❶** Compte et complète :

.  .     +   .   =   .  .

**❷** Groupe les objets par 10 et écris les résultats dans les cases :

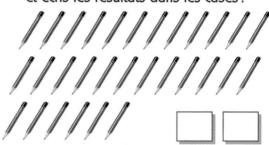

**❸** Compte et complète :

.  .     +     .  .     = .  .

.  .   +   .  .   +   .  .   = .  .

**❹** Effectue les additions :

```
  1 8        2 0        1 6
+ 1 1      + 1 0      + 1 2
-----      -----      -----
 .  .       .  .       .  .
```

**❺** Pose et additionne :

14 + 12

22 + 7

**❻** Colorie une case en rouge, puis une case en jaune ; recommence jusqu'à ce que toutes les cases soient coloriées. Puis complète :

Nombre de cases rouges : .  .

Nombre de cases jaunes : .  .

.  .   +   .  .   =   .  .

```
  . .
+ . .
-----
  . .
```

23

# Les nombres
## de 31 à 39

31 | 32 | 33 | 34

35 | 36 | 37 | 38 | 39

Tous ces nombres
s'écrivent
avec *trois dizaines*.

| d | u |
|---|---|
| 3 | 2 |
| 3 | 5 |
| 3 | 6 |

Addition
avec
*3 nombres*.

| d | u |
|---|---|
| 1 | 2 |
| +1 | 1 |
| +1 | 4 |
| 3 | 7 |

❶ Observe et complète :

| d | u |
|---|---|
| . | . |

❷ Dessine les dizaines et les unités :

| d | u |
|---|---|
| 3 | 9 |

❸ Effectue les opérations :

```
   1 1          1 0          2 4
+    6        + 1 5        + 1 3
+  1 2        +   1        +   2
  . .          . .          . .
```

❹ Pose et additionne :

10 + 22 + 4

13 + 14 + 12

```
  . .            . .
+ . .          + . .
+ . .          + . .
  . .            . .
```

❺ Complète :

| + | 8 | 5 | 9 | 1 | 4 |
|----|---|---|---|---|---|
| 10 |   |   |   |   |   |
| 20 |   |   |   |   |   |
| 30 |   |   |   |   |   |

❻ Écris à gauche
le nombre précédent
et à droite
le nombre suivant :

|   | 32 |   |
|---|----|---|
|   | 29 |   |
|   | 37 |   |
|   | 30 |   |

❼ Complète les lignes :

| 3 dizaines | 7 unités | d | u | | |
|---|---|---|---|---|---|
|   |   | 3 | 7 | c'est le nombre | *trente-sept* |
| . dizaines | . unités | 3 | 6 | c'est le nombre | |
| . dizaines | . unités | 3 | 3 | c'est le nombre | |
| . dizaines | . unités | 3 | 9 | c'est le nombre | |

24

# Le nombre 40
## [quarante]

| d | u |
|---|---|
| 4 | 0 |

quatre dizaines
zéro unité

Le nombre *quarante* s'écrit 40.

❶ Compte et complète :

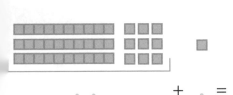

. .    +  .  =  . .   .

❷ Groupe les objets par 10
et écris les résultats dans les cases :

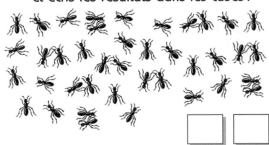

❸ Écris les nombres à leur place :
16 ; 31 ; 12 ; 29 ; 4 ; 36

0 ------------- 10 ------------- 20 ------------- 30 ------------- 40

❹ Observe et continue :

0 - 5 - 10 - 15 - . . - . . - . . - . . - . .

40 - 38 - 36 - 34 - . . - . . - . . - . . - . .

❺ Pose et effectue les opérations :

22 + 15    . .    . .        14 + 21 + 2      . . .      . . .

20 + 20   + . .   + . .      3 + 12 + 24    + . .     + . .

❻ Barre tous les nombres qui ne sont pas à leur place :

1 · 7 · 2 · 3 · 4 · 9 · 5 · 2 · 6 · 7 · 8 · 1 · 9 · 10 · 11 · 12

18 · 13 · 14 · 15 · 11 · 16 · 17 · 18 · 24 · 19 · 20 · 26 · 21 · 22

23 · 32 · 24 · 25 · 26 · 27 · 28 · 23 · 29 · 30 · 31 · 40 · 32

# Les nombres
## de 41 à 49

Tous ces nombres
s'écrivent avec
*quatre dizaines.*

| d | u |
|---|---|
| 4 | 1 |
| 4 | 5 |
| 4 | 7 |

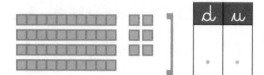

41 | 42 | 43 | 44 | 45 | 46 | 47 | 48 | 49

**❶ Compte et complète :**

| d | u |
|---|---|
| . | . |

**❷ Dessine les dizaines et les unités :**

| d | u |
|---|---|
| 4 | 3 |

**❸ Pose et effectue les opérations :**

32 + 14

17 + 21

12 + 26 + 11

22 + 14 + 13

**❹ Remets les nombres en ordre croissant (cherche le plus petit) :**

43 - 48 - 45 - 38 - 41 - 39 - 49 - 44 - 42 - 46 - 47 - 40

**❺ Complète le tableau :**

| nombre précédent | | | | | | | | | | |
|---|---|---|---|---|---|---|---|---|---|---|
| nombre | 29 | 40 | 48 | 37 | 45 | 41 | 49 | 43 | 46 | 39 |
| nombre suivant | | | | | | | | | | |

**❻ Complète les lignes :**

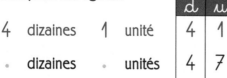

| | | | | d | u | | |
|---|---|---|---|---|---|---|---|
| 4 | dizaines | 1 | unité | 4 | 1 | c'est le nombre | *quarante et un* |
| . | dizaines | . | unités | 4 | 7 | c'est le nombre | |
| . | dizaines | . | unités | 4 | 4 | c'est le nombre | |

# L'addition avec retenue

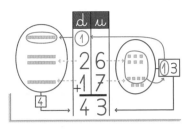

**1** Dessine les unités et les dizaines qui manquent. Écris les résultats :

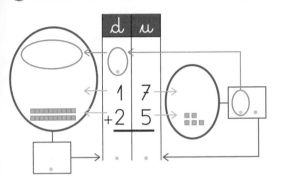 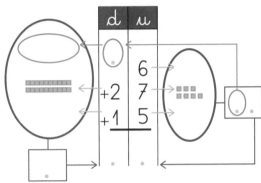

**2** Effectue les opérations sans dessiner les dizaines et les unités :

| d | u |
|---|---|
| 2 | 6 |
| +1 | 9 |
| . | . |

| d | u |
|---|---|
| 3 | 2 |
| + | 8 |
| . | . |

| d | u |
|---|---|
| 1 | 6 |
| +1 | 5 |
| +1 | 4 |
| . | . |

| d | u |
|---|---|
| | 9 |
| +1 | 7 |
| +2 | 2 |
| . | . |

**3** Pose et effectue les opérations.
Utilise la retenue si c'est nécessaire :

34 + 8

27 + 22      +___      +___

22 + 4 + 12      +___      +___

26 + 12 + 11      +___      +___

**4** Observe puis complète :

45 - 40 - 35 - __ - __ - __ - __ - __ - __ - 0

27

# Le nombre 50
## [cinquante]

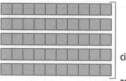

cinq dizaines

zéro unité

Le nombre *cinquante* s'écrit 50.

---

**①** Compte et complète :

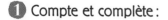
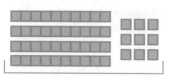

. .     + . = . .

**③** Compte et complète :

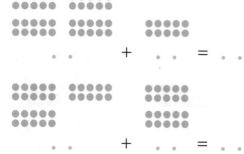

. .     +     . .     =     . .

. .     +     . .     =     . .

**②** Groupe les objets par 10 et écris les résultats dans les cases :

**④** Place le signe qui convient : = ou ‹ ou ›

| 50 | · | 30 | | 10 | · | 5 |
| 20 | · | 40 | | 30 | · | 30 |

**⑤** Effectue les opérations (utilise les retenues si c'est nécessaire) :

$$\begin{array}{r} 25 \\ + 14 \\ \hline \end{array} \qquad \begin{array}{r} 16 \\ + 18 \\ \hline \end{array} \qquad \begin{array}{r} 28 \\ + 17 \\ \hline \end{array} \qquad \begin{array}{r} 34 \\ + 9 \\ \hline \end{array} \qquad \begin{array}{r} 43 \\ + 5 \\ \hline \end{array} \qquad \begin{array}{r} 23 \\ + 27 \\ \hline \end{array}$$

. .          . .          . .          . .          . .          . .

**⑥** Complète le tableau :

| + | 20 | 40 | 30 | 10 |
|---|----|----|----|----|
| 20 |   |   |   |   |
| 10 |   |   |   |   |

**⑦** Complète les étiquettes :

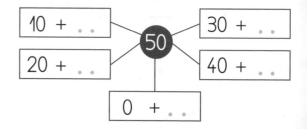

10 + . .

20 + . .

50

30 + . .

40 + . .

0 + . .

# Les nombres
## de 51 à 59

Tous ces nombres
s'écrivent
avec cinq dizaines.

| d | u |
|---|---|
| 5 | 6 |
| 5 | 7 |
| 5 | 8 |

51 | 52 | 53 | 54 | 55 | 56 | 57 | 58 | 59

**❶** Observe et complète :

| d | u |
|---|---|
| . | . |

| d | u |
|---|---|
| . | . |

**❷** Dessine les dizaines et les unités :

| d | u |
|---|---|
| 5 | 4 |

| d | u |
|---|---|
| 5 | 6 |

**❸** Remets les nombres en ordre décroissant (cherche le plus grand) :

53 - 49 - 56 - 48 - 59 - 50 - 54 - 52 - 57 - 51 - 55 - 58

.. . - . .. - .. .. - . .. - . .. - .. .. - . .. - . .. - . .. - . .. - . .. - .. .

**❹** Complète le tableau :

| + | 5 | 8 | 1 | 9 | 2 |
|---|---|---|---|---|---|
| 20 | | | | | |
| 10 | | | | | |
| 40 | | | | | |
| 50 | | | | | |
| 30 | | | | | |

**❺** Pose et effectue les additions
(attention aux retenues) :

17 + 33

15 + 25 + 12

26 + 29

18 + 34 + 9

# Le nombre 60

## [soixante]

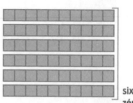

six dizaines
zéro unité

Le nombre *soixante* s'écrit 60.

❶ Compte et complète :

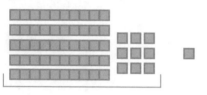

. .          + . = . .

❷ Groupe les objets par 10
et écris les résultats dans les cases :

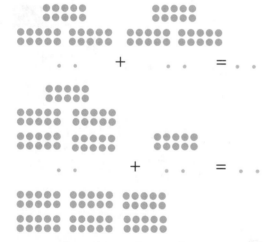

❸ Complète :

. .          +          . .          =          . .

. .          +          . .          =          . .

. .          +          . .          =          . .

❹ Complète le tableau :

| précédent |    |    |    |    |    |
|-----------|----|----|----|----|----|
| nombre    | 59 | 36 | 40 | 57 | 50 |
| suivant   |    |    |    |    |    |

❺ Dessine les unités et les dizaines qui manquent. Trouve les résultats :

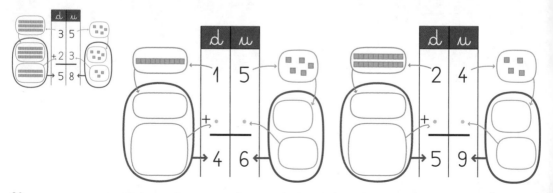

# Les nombres
## de 61 à 69

61 | 62 | 63 | 64 | 65 | 66 | 67 | 68 | 69

**1** Observe et complète :

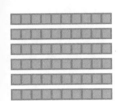 

| d | u |
|---|---|
| . | . |

**2** Dessine les dizaines et les unités :

| d | u |
|---|---|
| 6 | 9 |

**3** Écris les nombres en chiffres, puis en lettres :

soixante-cinq . . 60 _____

soixante-deux . . 63 _____

soixante-sept . . 66 _____

**4** Complète les opérations :

```
  1 2          2 4          3 1
+  . .       +  . .       +  . .
-----        -----        -----
  5 7          6 8          6 4
```

```
  2 4           1 7            2
+ 2 1         + 4 5         + 3 3
+ 2 3                       + 3 4
-----         -----         -----
  . .           . .           . .
```

**5** Complète les deux lignes :

| 61 | | | | 65 | | | | |
|---|---|---|---|---|---|---|---|---|
| 60 + . | 60 + . | 61 + . | 63 + . | 62 + . | 64 + . | 60 + . | 62 + 6 | 65 + . |

**6** Range en ordre décroissant (cherche le plus grand) :

66 - 69 - 60 - 65 - 67 - 59 - 61 - 68 - 63 - 64 - 62

. . . - . . . - . . . - . . . - . . . - . . . - . . . - . . . - . . . - . . . - . . .

# Le nombre 70
## [soixante-dix]

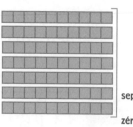

sept dizaines

zéro unité

Le nombre *soixante-dix* s'écrit *70*.

❶ Compte et complète :

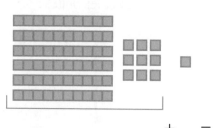

.. ..     + . = .. ..

❷ Groupe les objets par 10
et écris les résultats dans les cases :

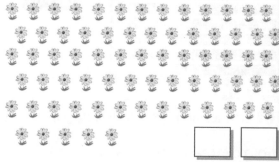

❸ Complète :

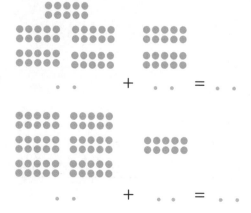

.. .. + .. .. = .. ..

.. .. + .. .. = .. ..

❹ Trouve
les résultats
(attention
aux retenues) :

$$40 \atop {+ \; ..} \over 70$$

$$34 \atop {+ \; ..} \over 67$$

❺ Place les signes = ou ⟨ ou ⟩ :

70 . 40   |   (60 + 3) . 57

30 . 50   |   (20 + 50) . (30 + 40)

❻ Complète le tableau :

| + | 9 | 6 | 10 | 7 | 4 |
|---|---|---|----|---|---|
| 20 | | | | | |
| 60 | | | | | |
| 40 | | | | | |
| 30 | | | | | |

❼ Complète les étiquettes :

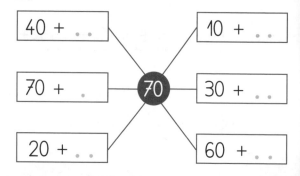

40 + ..

10 + ..

70 + .

70

30 + ..

20 + ..

60 + ..

# La soustraction
## sans retenue

① Dessine les dizaines et les unités qui manquent. Trouve les résultats :

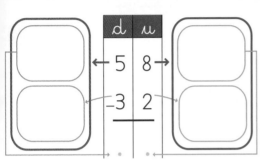

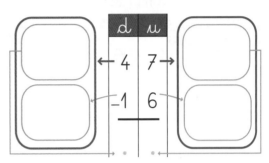

② Effectue les soustractions. Barre celles qui sont mal écrites :

| d | u |
|---|---|
| 6 | 8 |
| −4 | 5 |

| d | u |
|---|---|
| 4 | 9 |
| −1 | 2 |

$$29 - 31$$

$$54 - 33$$

$$43 - 44$$

③ Voici des couples de nombres. Écris des soustractions.

Exemple : 27 ; 42 ➜ 42 > 27 ➜ 42 − 27

23 ; 46 ➜ .. > .. ➜ .. − ..     23 ; 46 ➜ .. > .. ➜ .. − ..

23 ; 46 ➜ .. > .. ➜ .. − ..     23 ; 46 ➜ .. > .. ➜ .. − ..

23 ; 46 ➜ .. > .. ➜ .. − ..     23 ; 46 ➜ .. > .. ➜ .. − ..

④ Pose et effectue les soustractions :

23 ; 46

34 ; 65

67 ; 15

46 ; 56

# Les nombres
## de 71 à 79

Tous ces nombres s'écrivent avec *sept dizaines*.

| d | u |
|---|---|
| 7 | 2 |
| 7 | 6 |
| 7 | 9 |

71 | 72 | 73 | 74 | 75 | 76 | 77 | 78 | 79

**❶ Observe et complète :**

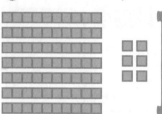

| d | u |
|---|---|
| . | . |

**❷ Dessine les dizaines et les unités :**

| d | u |
|---|---|
| 7 | 5 |

**❸ Écris les nombres en chiffres, puis en lettres :**

soixante-dix-huit .. 74 _____

soixante-quinze .. 70 _____

**❹ Effectue les opérations :**

```
   3 5        2 8        3 9        7 5        7 8        7 6
 + 3 5      + 4 3      + 2 1      - 4 3      - 5 1      - 2 4
 _____     _____     _____     _____     _____     _____
  . .        . .        . .        . .        . .        . .
```

**❺ Écris dans l'ordre tous les nombres que tu connais dans le tableau :**

| 0 |    |    |    |    |    |    | 7 |    |    |
|----|----|----|----|----|----|----|----|----|----|
|    |    |    | 13 |    |    |    |    |    |    |
| 20 |    |    |    |    |    |    |    |    |    |
|    |    |    |    | 34 |    |    |    |    |    |
|    |    |    |    |    |    | 46 |    |    |    |
|    |    |    |    |    |    |    |    | 58 |    |
| 60 |    |    |    |    |    |    |    |    |    |
|    |    |    |    |    | 75 |    |    |    |    |

# Le nombre 80
## [quatre-vingts]

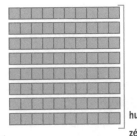

| d | u |
|---|---|
| 8 | 0 |

huit dizaines
zéro unité

Le nombre *quatre-vingts* s'écrit 80.

**❶** Compte et complète :

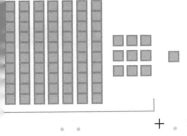

. .    + . = . .

**❷** Groupe les objets par 10
et écris les résultats dans les cases :

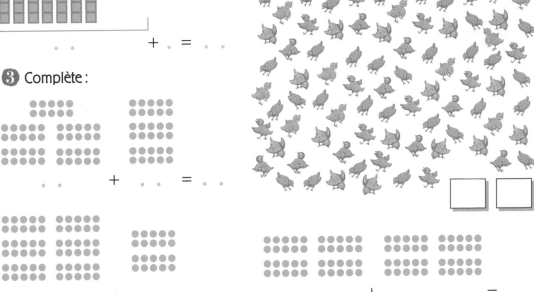

**❸** Complète :

+ . . = . .

+ . . = . .

+ . . = . .

**❹** Écris les nombres à leur place : 28 ; 47 ; 77 ; 15 ; 3 ; 31 ; 62 ; 54

**❺** Complète le tableau :

| nombre précédent | | | | | | | | |
|---|---|---|---|---|---|---|---|---|
| nombre | 30 | 75 | 69 | 71 | 79 | 66 | 73 | 70 |
| nombre suivant | | | | | | | | |

# Les nombres de 81 à 89

Tous ces nombres s'écrivent avec *huit dizaines.*

| d | u |
|---|---|
| 8 | 3 |
| 8 | 5 |
| 8 | 8 |

81 | 82 | 83 | 84 | 85 | 86 | 87 | 88 | 89

**1** Observe et complète :

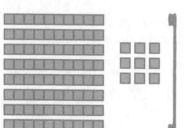

| d | u |
|---|---|
| . | . |

**2** Dessine les dizaines et les unités :

| d | u |
|---|---|
| 8 | 1 |

**3** Écris les nombres en chiffres, puis en lettres :

quatre-vingt-quatre . . 85 _____

quatre-vingt-sept . . 82 _____

quatre-vingt-six . . 80 _____

**4** Complète les deux lignes :

| 81 | | | | | | | 88 | |
|---|---|---|---|---|---|---|---|---|
| 80 + . | 82 + . | 81 + . | 80 + . | 82 + . | 80 + . | 83 + . | 85 + . | 84 + . |

**5** Pose et effectue les opérations (attention aux soustractions) :

42 + 38

29 + 14 + 37

20 ; 80

79 ; 39

36

# Le nombre 90
## [quatre-vingt-dix]

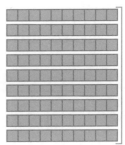

| d | u |
|---|---|
| 9 | 0 |

neuf dizaines
zéro unité

Le nombre *quatre-vingt-dix* s'écrit 90.

**1** Compte et complète :

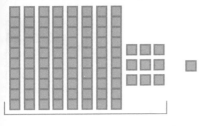

. .    + . = . .

**2** Groupe les objets par 10
et écris les résultats dans les cases :

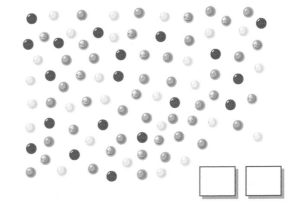

**3** Complète :

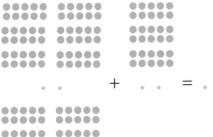

. .    +    . .    =    . .

. .    +    . .    =    . .

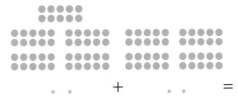

. .    +    . .    =    . .

**4** Complète les tableaux :

| n − 10 | nombre | n + 10 |
|--------|--------|--------|
|        | 30     |        |
| 60     | 70     |        |
|        | 29     |        |
|        | 62     | 72     |
|        | 10     |        |

| précédent | nombre | suivant |
|-----------|--------|---------|
|           | 89     |         |
|           | 65     |         |
| 18        | 19     |         |
|           | 60     |         |
|           | 57     | 58      |

# Les nombres
## de 91 à 99

Tous ces nombres s'écrivent avec *neuf dizaines.*

| d | u |
|---|---|
| 9 | 4 |
| 9 | 7 |
| 9 | 9 |

91 | 92 | 93 | 94 | 95 | 96 | 97 | 98 | 99

**1** Observe et complète :

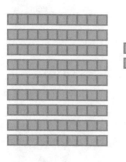

| d | u |
|---|---|
| . | . |

**2** Dessine les dizaines et les unités :

| d | u |
|---|---|
| 9 | 8 |

**3** Range les étiquettes en ordre croissant (trouve le plus petit nombre) :

| 91+3 | 90+8 | 94+5 | 90+1 | 95+2 | 90+2 | 91+4 | 91+2 | 94+2 |
|------|------|------|------|------|------|------|------|------|

| 90 | 90+1 | | | | | | | |
|----|------|--|--|--|--|--|--|--|

**4** Complète les lignes :

| | | | | d | u | |
|---|---|---|---|---|---|---|
| 9 | dizaines | 7 | unités | 9 | 7 | quatre-vingt-dix-sept |
| . | dizaines | . | unités | 9 | 2 | |
| . | dizaines | . | unités | 9 | 6 | |

**5** Complète le tableau :

| ─ | 4 | 7 | 3 | 5 | 9 | 2 |
|---|---|---|---|---|---|---|
| 89 | | | | | | |
| 75 | | | | | | |
| 97 | | | | | | |
| 66 | | | | | | |

**6** Effectue les opérations :

```
   39        45        18
 + 19      + 45      + 15
 ----      ----      + 57
  . .       . .      ----
                      . .

   89        67        75
 - 56      - 61      - 15
 ----      ----      ----
  . .       . .       . .
```

# Problèmes à effectuer
## sur une feuille annexe

**Exemple:**

François a emporté 12 billes à l'école. Il en a gagné 11.
Combien en a-t-il le soir ?

Utilise un tableau

| situation | action | résultat |
|-----------|--------|----------|
| François a 12 billes | Il en gagne: on ajoute (+) | $12 + 11 = 23$ |

**1** Jean a 27 bonbons. Il en donne 6 à sa sœur.
Combien lui en reste-t-il ?

**2** Antoine a 36 timbres dans sa collection.
Son oncle lui en offre 15 pour son anniversaire.
Combien en a-t-il maintenant ?

**3** Mélanie a aidé grand-père à planter des tomates.
Il en a planté 27. Elle en a planté 26.
Combien sont plantées en tout ?

**4** Cécile avait 59 euros dans sa tirelire.
Elle a acheté une poupée qui coûte 18 euros.
Quelle somme lui reste-t-il ?

**5** Le pâtissier a fait 86 gâteaux. Il en a vendu 51.
Combien en a-t-il le soir ?

**6** Le maçon avait 29 briques. Il en fait livrer 48.
Combien en a-t-il après la livraison ?

| 0 | zéro | 10 | dix | 20 | vingt |
|---|------|----|-----|----|-------|
| 1 | un | 11 | onze | 30 | trente |
| 2 | deux | 12 | douze | 40 | quarante |
| 3 | trois | 13 | treize | 50 | cinquante |
| 4 | quatre | 14 | quatorze | 60 | soixante |
| 5 | cinq | 15 | quinze | 70 | soixante-dix |
| 6 | six | 16 | seize | 80 | quatre-vingts |
| 7 | sept | 17 | dix-sept | 90 | quatre-vingt-dix |
| 8 | huit | 18 | dix-huit | 100 | cent |
| 9 | neuf | 19 | dix-neuf | | |

Imprimé en France par Chirat - 42540 Saint-Just-la-Pendue
N° d'édition : 003927-03 - N° d'impression : 8398
Dépôt légal : janvier 2006